Hilo + Hilo

Legna Rodríguez Iglesias

Hilo + Hilo

El hilo

Yo jamás había visto un hilo en una vagina
colgando de la vagina como un moco de catarro
como un pañuelo de fiebre
yo jamás había halado un hilo de una vagina
se le iba a salir el alma
se le iba a ir con el hilo la memoria del horror
yo lo halé aquella noche
lo halé con la boca
y fue la primera vez que me arrepentí de algo.

Para tener lo que me fue dado

Una mujer que llora es un hombre desnudo y feo
una mujer que fuma es un niño caprichoso
una mujer que mea es una mala estructura
una mujer que muere es otra mujer
una mujer de afuera puede bailar al ritmo
de los blancos y los negros
de afuera significa extraña
de afuera quiere decir de un lugar extraño y dulce
una mujer extraña es un hombre vestido y bello
una mujer que piensa es una rana en el fango
una mujer que singa
piensa.

Espíritu santo

En mi corazón
trabaja un hombre negro
da martillazos
da cincel y lengua
me quita lo poco que de mí
tenía reservado para ti
dentro del abdomen
rodeado de mondongos
vesículas e hígados
dormita un hombre negro
se cae para alante
y con la cabeza
da en lo que parece
la boca del ombligo
por el camino que día a día
recorro con estos pies
camina un hombre negro
lo que me inquieta
es que casi siempre
él llega primero.

La idea esencial

Las mujeres mexicanas
deben limpiar sus casas
distinto a las demás mujeres del mundo
yo también limpio mi casa
distinto a las demás mujeres
y no soy mexicana
ni francesa
ni árabe
yo limpio mi casa
de atrás para alante
cuando voy por la mitad
dejo de limpiar
y escribo un poco
a veces
tengo que soplarme la nariz
pero siempre termino
aunque no tenga
ni la más remota
idea.

Arrancaba las flores y se las comía

El que flores mastica
y flores traga
y por tanto flores come
de varios tipos
y a todas horas
no lo hace pensando
en estar más cerca
de la naturaleza
lo hace pensando
en el vacío interior
el que piensa en el vacío
no lo hace pensando
lo hace sin querer.

La sed

Mil quinientos era todo lo que tenía en la mano
compré un ferrocarril y una compañía eléctrica
compré Illinois, Connecticut, Santiago,
Paseo Tablado, Marvin, New York,
construí casas y hoteles pero no me enamoré
nadie me besó en la boca
un día caí en la cárcel y al otro día salí de ella
con una tarjeta para salir de la cárcel gratis
dos millones era todo lo que tenía en la mano
había sido más fácil que tomarme un vaso de agua.

Bajo la luna de virgo

Mi pareja tiene fiebre.
Mi pareja se metió en un restaurante.
Mi pareja salió del restaurante
con una lombriz solitaria en la barriga.
Mi pareja está solitaria.
Se necesita un bollo bien grande
para salir adelante en la vida.
Si no se sale adelante en la vida
el ser humano se convierte en lombriz.
Con un poco de suerte
se sale adelante en la vida.
Un bollo bien grande
es sinónimo de valor.

Polvo

Las mujeres hipócritas son como el horizonte
se debilitan ante mis ojos cuando los tuerzo
se fortalecen cuando los abro
y todo lo que delante hubo
soy yo ahora
las mujeres envidiosas son como el huracán
escribo a puerta cerrada
sobre esas mujeres
para que no
vengan a buscarme
yo sé que el horizonte
es más importante que el huracán
y que yo soy más importante
que la mayoría de las mujeres
y los hombres
cuando cierro los ojos
y abro la boca.

Las monilias salen de noche

Le dije quiero escribir un poema
me dijo ¿un qué?
le dije un pe o e eme a
me dijo haz lo que te dé la gana
le dije quiero comerme un plátano macho maduro cocido
porque eso me abrirá las entendederas
me dijo ¿entendederas?
le dije cócemelo
y se tiró sobre mí
y eyaculé las monilias que tenía almacenadas.

Si preparar el almuerzo
es ser feliz
porque las mujeres felices
preparan el almuerzo
cantando y bailando
frente a sus ollas
entonces preparo algo
incluyendo carbohidratos
verduras
proteínas
y me acuesto a esperar
entre la muerte y el sueño
inerte sobre la cama
medio desnuda
suave
alguien entra a la habitación
y se encuentra con lo bueno
lo bello
y la verdad.

Con fundamento

Proteína de la seta
para cabellera sucia
y desprendida en la noche
higiene bucal intacta
cuando sin probar bocado
llega la hora del sueño
yo sueño con un mapache
que me da la bienvenida
a la montaña Itzcatzú
si nunca has visto un mapache
imagina un almiquí
si al almiquí nunca has visto
ahórcate
con un mapache yo sueño
que de un doceplantas cae
me da lástima el mapache
me da
escalofrío
si un doceplantas no has visto
ahórcate
la higiene bucal
es fundamental.

La roncha

Porque hablé en voz alta
le dio con un martillo
a mi volumen genérico
martilló duro fuerte
tratando de hacer añicos
lo que nunca añicos fuera
haciendo añicos la placa
también el femenino
género expiraría
antes del último martillazo
el positivo mobile expiró
el masculino mobile
el universo
como era verano
un aedes aegipty
me picó en la cara.

El día antes de mañana

Se fue a comprar
jabón
se fue a pagar
el agua
se fue a pagar
el teléfono
se fue
con unas chancletas
que le quedaban
chiquitas
se fue
para nunca
volver
desde la acera
de enfrente
le enseñé mis verijas
recién afeitadas
le enseñé un hombro
me mordí un labio

pero el hombro
estaba lleno
de tatuajes
y hoy
era el último día
para pagar
el teléfono.

Lámigras de cocodrilo

Sobre un colchón
de 60 centímetros de ancho
por 180 centímetros de largo
concilio el ñueso
bajo mis costillas
el muelle de las sombras
me hace rollar
olvido las ollas nuevas
que ayer compramos
para hacer todo tipo
de azorres
y lamo la saliva
que sin querer se sale
por la micosura
de mis labios
afuera del colchón
medio bocharra
como no soy lampiña
te lo agradezco más.

Ramón

Un hombre no encuentra
43 dólares
de noche en la calle
para llorar
de felicidad
43 dólares
de noche en la calle
no me harán llorar
de felicidad
recoge el dinero
y compra un corazón
y haz que tu novia
lo parta en pedazos
y lo meta en una olla
de tres válvulas
por qué estoy llorando
de felicidad
si solo es de noche
en la calle.

Chicago

Una caja de cartón
con comida adentro
es oro molido
mi amigo y yo
compramos dos cajas
para comer
esta noche
triste
y en vez de comer
nos pusimos a traducir
una canción de Chicago
el traducía
y yo comprendía
esa banda
debió desintegrarse
cada vez que amanece
es como si la noche
se desintegrara
hazme sonreír
decía la canción
adentro de las cajas
había arroz congrí
malanga
lechuga
huevo fritos
en nuestros corazones
había arroz congrí

malanga
lechuga
huevos fritos
cada vez que amanece
es como si el corazón
no quisiera despertar
yo me di un trago
y él dijo adiós.

El frío bajo la luna

Los huesos que traquean hacen ruidos que dan asco
la vida es una tendencia a sentir asco por muchos ruidos
sucede porque a la muerte las mujeres y los hombres van
desnudos
y dejan de ser tendenciosos para ser amables
y lo que alguna vez hizo ruido ya se ha quedado en silencio
finalmente el asco desembocando en arqueada
ahuyenta la armonía de los hombres
sustrae excitación en las mujeres
genitales de mujeres y genitales de hombres
sufren el frío bajo la luna del fin
los huesos se separan y no hay nada que esperar.

Cada doce horas

Bienvenida al mal olor
de la ciudad
pues una vagina es una ciudad
donde las monilias cantan
y después de nacer ya no quieren morir
lo lógico es nacer y después morir
pero las monilias no quieren morir
las monilias quieren manifestarse
bienvenida a la ciudad
abre la mano
toma el cotrimazol
moja el cotrimazol en la salsa bechamel
y aprieta
aprieta y traga.

Los poemas y los años

Una mujer que escribe poesía
aparenta menos años de los que tiene
cada poema que escribe
es un día menos
en el día de sus años
aunque tenga que salir preñada
y parir sus hijos
y cuidar sus nietos
y sacarle con una pinza
los pelos de la nariz
a su esposo
la mujer pierde años
y cumple poemas
que la rejuvenecen
con los hombres pasa igual
el problema es que son más feos.

La mano es lo que no vemos

Es por inhibición que una mujer se esconde de otra para
orinar
igual por inhibición que una mujer se esconde de otra
para cagar
la caga se ejecuta con un libro entre las manos y es mejor
las piernas descansan cómodamente en el suelo y es mejor
las nalgas cómodamente al borde del inodoro
las muelas sobre las muelas y es mejor
solo por esto son buenos los libros y necesario escribirlos
un hombre vale la pena cuando hace algo que se necesitó
que hiciera
la mea se ejecuta en un mínimo de tiempo.

Huevos pasados por agua

A Seligmann, Katerina
desde los altavoces
en el aeropuerto
solicitaron.
Niña violada
por dedos imperialistas
de Seligmann, señora
fui.
Frases en inglés
como *I want you*
dijeron mis labios
a Seligmann, Katerina.
Contraria al avión
sin Seligmann, Katerina
eructé los huevos
del desayuno.
Los altavoces
no se oyen bien.

La corona de laurel

Coronada de laurel y de moniliasis jarta
rabiosa y escrupolosa coronada de laurel
entre laurel y monilia un gran cerebro pensante
que no piensa que laurel sea tallo de corona
y mucho menos monilia sea tallo de corona
y mucho menos amor sea monilia en ombligo
yo no dejaba que ombligo fuera boca de monilia
ni que monilia saliera boca adentro bajo estrellas
pues de buenas intenciones está mi ombligo caliente
y de estrellas que titilan estoy yo.

Como yo muevo la pierna el hombre viejo respira

Cuando escribí este poema en noviembre de 2011, Lorenzo García Vega todavía estaba vivo. El día de su muerte, viernes 1 de junio de 2012, Reina María nos comentaba que lo había ido a ver al hospital y que todo iba a estar bien porque él tenía ganas de vivir.

La foto de Motorola no es lo mismo que la foto de Black-
Berry
el poema de Lorenzo García Vega no es lo mismo que la
foto de Motorola
y tampoco es lo mismo que la foto de BlackBerry
la ropa interior Suchel Lever no es lo mismo que la ropa
interior Calvin Klein
el poema de Lorenzo García Vega es un poema interior
en menos de lo que Lorenzo García Vega termina de escribir
la ropa interior Suchel Lever deja ver un trozo de nalga
con el dedo en Motorola le tiro foto a la nalga
y movida
con otro dedo en BlackBerry le tiro foto a la nalga
y Calvin Klein.

Las mujeres

Un hilo se parte
y una tuerca se afloja
y al tornillo que la tuerca sujetaba
se lo lleva el viento para el carajo
y el trozo de hilo
que cayó en la tierra
parece un pelo de mi verija
un hombre llora
cuando ya no puede resistir al hilo
ni a la tuerca
cuando ya la tierra es fuego
y es irresistible
y llora demasiado
a veces es difícil
muy difícil comprenderlo
las mujeres no lloran.

La muerte

El pájaro del tedio
de un hombre desesperado
y los pájaros
a los que dio de comer
una mujer hambrienta
y todos los pájaros
del cielo de Cuba
cayeron hoy muertos
delante de mí
sin comunicación no hay amor
no hay odio
no hay pájaro que valga
eran pájaros porque un día
caerían muertos delante de mí
serán pájaros los que pronto
delante de mí caerán
todos los pájaros
todas las mujeres
y todos los hombres caen muertos
son mujeres y hombres
porque ya cayeron muertos
unos frente a otros
en aras de comunicarse
hay que ser muy estúpido
para creer
que la poesía
es un medio
de comunicación.

El colmo

La buena memoria de una mujer
hace que no olvide a su primer amor
y ese todavía no es el colmo
hace que recuerde la primera película
el primer libro
los primeros golpes
en la cara
y ese todavía no es el colmo
hace que vuelva la vista atrás
y vea pasar sus años
desde el huevo de su madre
hasta hoy
y ese todavía no es el colmo
hace que el resto de las mujeres
giren en torno a su memoria
y eso no es nada
en comparación
con su memoria
hace que el primer amor
sea una mancha indestructible
y que el último
más.

Verdadera escritor

Si lograr poema ahora
yo ser verdadera escritor
porque sentir mal adentro
romper mi alma en muchos
cómo se dice
pedazos
cómo persona destruye persona
es la pregunta que hacer a mí
y yo no saber cómo
pero saber
que soy
cómo se dice
destruida
persona destruye arquitectura
pero persona no destruye persona
creer yo que persona
destruir
todo
persona ser arquitectura
y persona ser
cómo se dice
destrucción.

Los amigos

La crica y la sonda
se hicieron amigas
en un lugar alejado del centro
y la noche
era buena
el seno
de una familia acomodada
se hizo amigo del seno
de otra familia acomodada
y la noche
era buena
mis padres
no tuvieron más remedio
que hacerse amigos míos
antes de que llegara
la noche
soy tu amiga
porque me gusta
cómo te escondes de mí
para hacer tu necesidad
en Facebook
todo el mundo
es mi amigo.

Labios

Que a una mujer
le chupen las tetas
pezones, aureola y borde
significa que pierda el camino
y lo recupere
mientras le siguen chupando
pezones, aureola
pero que una mujer
le chupe las tetas a otra
significa que pierda todo
y lo recupere
y pierda todo
y lo recupere
y cuando lo recupere
se dé cuenta de que todo
no era nada
comparado con el resto.

Fin de año

Un mazo de cebollas
pesa en mi mano
con la misma intensidad
que la falta de cebollas
pesa en mi corazón
una libra de carne de puerco
es la cosa más hermosa
que ojos humanos han visto
mis ojos no son lo que yo imaginaba
los ojos de ninguna mujer
son lo que esa mujer imaginaba
una libra de carne de puerco
cuesta un ojo de la cara
mi cara no es lo que fue
un mazo de cebollas
tiene como máximo
seis o siete cebollas.

Interiores

El interior de un camión
es tan extraordinario
como el interior de una mujer
a mi interior se pudiera meter
un dedo y una mano
hasta el codo
si me miras como se mira
una libra de carne de puerco
en el interior de un camión
se pudieran encontrar
cosas extraordinarias
pero solo encontrarás
mujeres feas ignorantes y sucias
y también
mujeres lindas ignorantes y sucias
y en el fondo
cuando ya no necesites nada
ni quieras nada
del mundo
bajo todas las libras de carne
que has deseado para tu vida
algo pequeño y joven
igual sucio
de un metro
cincuenta y siete
centímetros.

Yo también fui a Mozambique

Frente a mis narices
una mujer negra
singa con un negro
y piensa que si yo los miro
todo será más rápido
pero yo estoy mirando
una cosa
mejor
la mujer negra
que singa con un negro
quiere que yo los mire
para que todo sea más rápido
y yo también quiero
que todo sea
más rápido
pero estoy descalza
y no aguanto más
la tierra
bajo mis pies.

El orden de los factores

Se supone que si esta
se ubica sobre aquella
lo que ocurre es la tortilla
yo me ubico sobre ti
y lo que ocurre es la tortilla
además me ubico abajo
y lo que ocurre es la tortilla
además me muevo un poco
y lo que ocurre es la tortilla
además lo que ocurre
es muy sabroso
la tortilla son dos partes
las dos partes son iguales
la tortilla hay que ensayarla
una tortilla legítima
no se rompe fácilmente
hacer tortilla
no es fácil.

La costumbre

Siempre le pido a mi mano
una paja matutina
con el dedo que le sigue al dedo gordo
para salir a la calle en forma
y enfrentarme al mundo
y vencer
el dedo del medio también me agrada
pero no tiene tanta movilidad
los dedos largos sirven para otra cosa
el anular y el meñique
inútiles por completo
más cuidado con el gordo
ese es un dedo que vale
por cinco
a mi mano no le falta
un solo dedo.

Cualquier porquería

Las patas de una escritora
merecen unos lindos All Star
las manos de una escritora
merecen alcohol
para manos
un producto que elimina
el 99,9 por ciento
de los gérmenes
los ojos de una escritora
merecen espejuelos
negros y traidores
que no den espacio al sol
ni a la guasasa
que nadie me vea llorar
por el camino
la nariz de una escritora
merece un poco de kleenex
para llorar si hay que llorar
y echar afuera los mocos
que hay que echar
el clítoris de una escritora
merece una presión
mi alma merece una fiesta
música
y cualquier porquería
que la haga reír.

Juego de niñas

Las niñas juegan
al baja y sube
al corta y pega
al mete y saca
las niñas ven a los hombres
y creen que no son reales
los hombres se ríen
de sí mismos
las niñas saben más
que otra cosa
una niña es un yoyo
y otra niña es otro yoyo
y un salbutamol
es un aparato
positivo
las niñas hacen la fuga
mejor que la tarea
las niñas
no se aman.

Fácil

A una mujer tú la tocas
y ella tiembla
la escupes y ella sale
empapada en saliva
a una mujer tú la puedes
destruir
¿cómo la destruyes?
fácil
la tocas
y la escupes
la tocas
y la escupes
la tocas
y la escupes
entre una cosa y otra
le dices que de pronto
has empezado a quererla
que simplemente
la quieres
y ya
por último la tocas
y la escupes.

Fundada en 1878

El ron elaborado y añejado en Cuba
da placer a la garganta
del hombre elaborado y añejado en Cuba
la etiqueta de garantía
que le ponen a las botellas
tiene una mujer con una espada
y un vestido encantador
que seduce a los hombres
y a las mujeres
añejo blanco o añejo siete años
da placer a la garganta
del hombre blanco o el hombre siete años
pero el nudo en la garganta
no se lo quita nadie.

Ponme la mano aquí

Pierna que nace torcida
cuello degollado
infelicidad
yahoo que nace torcido
comepinga google
infelicidad
seligmann, keratina
vesícula codada
infelicidad
kingston mula de peso
san miguel 60 dólares
infelicidad
entre espada y san francisco
quinientos noventa y nueve
infelicidad
los ovarios se me salen
por la boca de la boca
infelicidad
pellízcame
en el brazo.

Inolvidable

Aquella noche
se me caía el bikini
caminando a oscuras
por aquella playa
cuál playa
y aquel bikini
se me caía la playa
caminando a oscuras
por aquella noche
cuál noche
y entonces
salió una serpiente
cascabel
africana
de la oscuridad
que quería
comerme el bollo
de un solo bocado
cuál bollo.

La película

Se fue a un bosque y escribió un poema
volvió del bosque y escribió otro poema
llegó al aeropuerto y escribió otro poema
la madre esperó su llegada y la llevó a un restaurante
durante la cena en el restaurante escribió otro poema
el restaurante era japonés y la comida era japonesa
así cualquiera escribe un poema
qué pinga poema así cualquiera escribe un libro
entró a la casa con pie derecho y escribió otro poema
se metió en la ducha y se tocó los pezones
o te tocas los pezones o escribes otro poema
al salir de la ducha escribió otro poema
encendió un cigarro y escribió otro poema
en total ocho poemas
tremenda atmósfera
un solo personaje
la madre no se cuenta
los pezones irritados.

Torre de letras

Dos mujeres
de casi treinta años
leen poesía juntas
en una torre de letras
y nadie aplaude
no las oigas leyendo
porque te van a gustar
no les mires las bocas
porque te van a gustar
y eso que una boca
no tiene nada
que ver con la otra
no cierres los ojos
para escuchar los poemas
porque esos poemas
no tienen nada
del otro mundo
no las critiques
porque no vale la pena
esas mujeres
tampoco tienen nada
del otro mundo
con casi treinta años
todavía escriben cosas
que nadie aplaude.

Los golpes enseñan

El flamboyán
tiene una vaina que suena
con alegría
una vaina de semillas
que ríen en su interior
aunque me meta
esa vaina en el culo
con sus semillas sonantes
yo no me alegraré
aunque yo muera
mi flamboyán
continuará sonando
día y noche
sobre los cuerpos
bajo la tierra
aunque pierda sus vainas
algún día
la gente recordará
ese sonido
los árboles son alegres.

El palacio de la rumba

Un rumbero es un hombre
que baila
rumba
y con su baile le rinde
homenaje a sus muertos
es terrible lo que sucede
cuando un rumbero palma
la calavera
ahora el muerto es él
sin la capacidad
de rendirse homenaje
a sí mismo
a su alrededor
la rumba se desencadena
afirmando vida
y muerte
pero él no tiene
conciencia de eso
él es su propio entierro
y su propia vela
a los hombres
les gusta
que los recuerden.

Entre Espada y San Francisco

Ya estás adolorida y dura
y a partir de ese dolor
cómo expulsarás tus coágulos
sin que caigan afuera
en tu corazón
menstrúa una mujer
con el bollo negro
y las aureolas negras
una mujer con el bollo calvo
y limpio
tu corazón es de hierro
la imaginación
no supera a la realidad
tus coágulos
superan a la imaginación
echarlos adentro
es lo menos
que puedes hacer
ya estás adolorida y dura
y a partir de ese dolor
tendrás que hacer algo.

Apartamento 45

Al fregadero
las zanahorias
para fregarlas
mejor
al fregadero
la calabaza
los ajos
las cebollas
al fregadero
mis manos
con un cepillo
para fregarlas
mejor
al fregadero
mis ojos
para mirar bien
que no haya restos
de tierra
colorada
al fregadero
mi boca
para salir de eso
pronto
y mi cuerpo
para salir de eso
pronto
que no haya restos

ahí tampoco
de tierra
colorada
en el edificio
hay una inundación.

Montaña de libros

Un hombre no puede tener tres mujeres
ni una mujer puede tener tres mujeres
y si ese hombre es analfabeto no merece el amor
y si esa mujer es analfabeta y joven no merece el amor
la ignorancia es mala para cualquier hombre
y negativa para cualquier mujer
y el amor solo reafirma eso
el analfabetismo es un mal
que humilla a los hombres
y a las mujeres del mundo
es terrible enamorarse de alguien
que no sepa trabajar con manos propias
ni se comunique con sus semejantes
a través del lenguaje de sus semejantes
ni consiga hacer algo digno de admiración
una mujer necesita enamorarse
y un hombre necesita enamorarse
y yo mientras tanto cierro los libros
porque me pierdo entre un párrafo y otro.

Leer y escribir

Una cosa inolvidable
fue el chocolate espeso caliente
con pimienta y nuez moscada
otra cosa inolvidable
fue el pezón que puso en mi vagina
porque cuando lo puso
escribió con el pezón
quiero escribir un poema
y el chocolate espeso caliente
con pimienta y nuez moscada
comenzó a derramárseme
por el bollo
y todo la nuez moscada
se hizo lenguaje
en mi boca
y al derramárseme lo que nunca
se me había derramado
salió entonces un yogurt
de monilias asesinas
y matar las monilias
me gustó
cantidad.

Los kilómetros

Lo lógico en un hombre que va por una línea
es que pierda el equilibrio y caiga
comprendiendo que la tierra es una superficie
buena para sus pies y buena para sus manos
para un hombre que va por la tierra
a veces con los pies y a veces con las manos
no es lógico que pierda el equilibrio y caiga
comprendiendo que la tierra es una superficie
engañosa y común
y que una línea hubiera sido recta
para mí que perdí las piernas
y luego perdí los brazos
y luego el corazón
la lógica no indica nada.

La casa de los Américas

Soy la casa de mis pedos
y a todos les puse América
el hogar de mis eructos
y a todos les puse África
un nido de monilias
y a todas les puse Europa
como madre preocupada
quería nombres bíblicos
para mis niños
pero a quién se le ocurre
ponerle a un pedo
Betzabé
y a quién se le ocurre
ponerle a un eructo
Rey David
y a quién
ponerle a una monilia
Nabucodonosor.

003916

El odio
y la necesidad de odiar
a todos los hombres
y a todas las mujeres que me rodean
y a todos los tipos
de arquitectura de la ciudad
y a todas las celebraciones
de la ciudad
y a ti
tiene más explicación
que el amor
y la necesidad de amar
a todos los hombres
y a todas las mujeres que me rodean
y a todos los tipos
de arquitectura
y a las celebraciones
y a ti
el desdén
el cansancio
la indiferencia
una hora de internet
para que las luces
vuelvan a ser reales.

Cómo suenan los violines

La pasión por el ser amado
hace que uno ponga la boca
en lugares que no se hicieron
para poner la boca
una verruga en el cuello
no se hizo para poner la boca
un golondrino en la axila
no se hizo para poner la boca
ni una ñáñara de caspa
ni un lunar de sangre
abultado
iniciar la noche
apasionadamente
y ver el hongo
en el pie del ser amado
hace que uno ponga la boca
en el hongo.

Blackberry

Menos gusto que ayer
regreso a pierna
entre pegotes y plastas
ventilador con teléfono
si no cabellera sucia
soy yo
más ventilador que ayer
y más frijol mantequilla
a fuego lento
dos horas
cómo mínimo
menos horas que ayer
si no teléfono sucio
soy yo
más teléfono que ayer
con saldo pero sin risa
entre pegotes y plastas
de gente
los pegotes.

La ahorcada

Quien lava la ropa no es uno
sino la máquina
pero quien compra la máquina es uno
y uno escoge al mismo tiempo
la máquina más buena
más bonita y más barata
porque no depende de la máquina
que la ropa quede bien
sino de uno
la ropa no se echa junta
primero la ropa blanca
luego los colores claros
luego los colores fuertes
y al final la ropa negra
los tejidos finos
hay que lavarlos a mano
porque la máquina
puede romperlos
el tendido de la ropa
también es importante
un pantalón
por ejemplo
se tiende al revés
el alma
por ejemplo
no es un pantalón
una mujer que no sepa tender
debería ahorcarse.

¡Salud!

Hay un punto en que los borrachos
ya no quieren seguir bebiendo
la cerveza es más sabrosa que la carne
pero hay un punto en que ya no quieren más
porque la borrachera los hace sentir
peor de lo que hubieran sido
los borrachos no hubieran sido
otra cosa que borrachos
ni en esta vida ni en la próxima
pero la borrachera es el punto
en que un borracho no admite
que su compañero sea un borracho
tan borracho como él
a los borrachos que les da por enamorarse
la vida les pasa la cuenta
los inunda en amor y sinceridad.

Difícil

Mi opinión respecto a la naturaleza
es que no la conozco lo suficiente
como para decir que hay que protegerla
porque es hermosa y nos beneficia
en ese caso tendrías que protegerme a mí
mi opinión respecto al arte
es todo lo contrario
pues me ha tocado de cerca
y tal vez habría que destruirlo
porque es hermoso pero no nos beneficia
nadie necesita el arte para vivir
y en ese caso también tendrías
que destruirme.

Súpernegro

Papá
tiene un hombre negro
a su lado
ayudándolo a pagar la cuenta
del teléfono
y su vida
es más pasajera
y más alegre que antes
nunca me manda nada
por DHL
eso es caro
y pesa
si viene alguien de allá
me manda un roll-on
con esfera giratoria
ultrafuerte todo el día
y yo
todo el día
pienso en él
y al hombre negro
que lo acompaña
en la salud y en la enfermedad
ultrafuerte todo el día
no sé cómo pagarle.

Las oportunidades

Las tuercas
son mujeres descaradas y feas
que no pueden hacer el amor
solo fijarse en otras mujeres
y derretirse
poco a poco
a veces esas tuercas
fueron mujeres bellas
que tuvieron sus maridos
y sus hijos
pero se cansaron
así que una tuerca
es alguien
a quien la vida
le da una oportunidad
y la desaprovecha.

Exit

Un aeropuerto
no tiene habitantes
siempre está lleno o vacío
pero incluso lleno
no hay señales en él
de ropa usada sobre una silla
o zapatos tirados por ahí
en general es un asco
de convivencias
nadie se conoce
y todos usan
el mismo baño
la misma cafetería
todos entran y salen
por la misma puerta
para algunos es bueno
pasarse la vida
de puerta
en puerta.

Hay más hormigas en esta fiesta
que en una marcha de hormigas

Dos de ellos
quieren subirme la blusa
y bajarme el short
a ver si debajo
me encuentran las cosquillas
eso en principio está bien
el problema es cuando quieran
que yo le haga cosquillas
y encuentre como un tesoro
las blueberries
en lmíbar
porque para ser sincera
no me importan sus blueberries
ni la música
ni las palabras
ni la vida
ni la muerte
ni la fórmula del amor
por mí que caiga una bomba
y el cuento se acabe aquí.

Autostop

Las calabazas son mis amigos
y las berenjenas son mis enemigos
las ollas son mis amigos
y los espaguetis son mis enemigos
las paredes son neutrales
y las personas
son ceros a la izquierda
que una persona me ame
no quiere decir que sea mi amigo
y tampoco mi enemigo
aunque probablemente
deje de ser un cero a la izquierda
y se convierta
con el paso de los días
en pared
que una persona no me ame
quiere decir
que debo empezar
a pensar en mí.

190073

Mi ticket de la suerte
no es el mismo que tu ticket
a cada uno
nos toca en la vida
un ticket distinto
con números distintos
y precios semejantes
precios que hay que pagar
todos los tickets
tienen seis números
los tres primeros números
deberían sumar
lo mismo que los tres últimos
solo así es un ticket de la suerte
en el transmetro
la gente se enamora
de otra gente
con ticket o sin ticket
la gente se enamora
antes de ver los números
muerdo el ticket
y me lo trago.

Los Enemigos

Mi enemigo es imperialista
no lo conozco pero oigo hablar de él
y sé que no debo hablar con él
porque corro peligro junto a él
siendo un enviado del imperio
es bien parecido y promete cosas
entre las que se encuentra el horizonte
promete casa promete hijos
en tiempo de crisis
promete estar ahí
para lo que sea
solo me dará la espalda
el día que la traición
toque la puerta
el miedo de cualquier mujer
es enamorarse de su enemigo.

El brazalete

Un tatuaje
es algo que arde
sangra un poco
y permanece
sin que uno supiera
que ardería tanto
sangraría un poco
y permanecería así
el resto de la vida
sin que uno supiera
que el resto de la vida
sería un ardor
y un mundo de burbujas
de sangre
la primera sangre
que suelta la piel
siempre es amarilla
luego sale roja
y después
aparentemente
deja de salir
hacerse un tatuaje
es una decisión
que hay que pensar
dos veces.

Leche y harina

A la salud de una persona
le hace daño la leche
y sus derivados
también la harina
y sus derivados
y cualquier producto
que las contenga
a mí me hace daño la leche
y la harina
tanto como el odio
y el amor
y los derivados del odio
y del amor
son fatales para mí
la leche entera
tanto como el odio
es un producto sometido
durante su elaboración
a un proceso difícil
después de su envasado
en condiciones asépticas
se obtiene una excelente leche
con óptimos valores nutricionales
para todas las necesidades
del hogar
no perder el hogar
es de sabios.

Argot popular

Una cosa es comer mierda
y otra cosa es comer heces fecales
y tomar orine
y dormir entre las flores
haciendo almohada sobre los pétalos
en nuestro argot popular
comer mierda es equivocarse
solo los estúpidos
pueden comer mierda
una y otra vez
sin parar
hacerle daño a una persona
también es comer mierda
así que las malas personas
son otras comemierdas
imparables
una cosa es argot
y otra cosa es vocabulario
pero no entiendo
cuál es la diferencia.

Poliéster

Se mete el hilo
entre una muela y otra
para sacarse la carne
que se comió
a mí no me gusta
meterme el hilo
porque luego
no sé sacármelo
es necesario
tener mucho hilo
para sacarse la carne
que uno se come
y comer mucha carne
para poder llegar
a donde hay que llegar
sin tropiezos
la gente que se tambalea
no necesita hilo.

Verdadero o falso

Los orichas son dioses fascinantes
de la tierra del cielo del monte y del mar
de la vida y de la muerte
que quieren que sus hombres y sus mujeres
encuentren la armonía
y sean felices sobre todas las cosas
por eso les gusta el ron y el tabaco
la comida la hermosura y la singadera
pobres de los hombres y pobres de las mujeres
que eligen a otros dioses
para hacerles las preguntas
de la esencia y la virtud
porque esas preguntas no tienen respuestas.

El chaleco salvavidas está bajo tu asiento

A través del chat
las personas encuentran
a otras personas
y vuelven a ser
ellas mismas
se llama ilusión
lo que mantiene vivo
a alguien
el miedo a las alturas
también podría
mantenernos vivos
tu asidero
lo encontrarás
como quiera
chatear es el modo
más humano de vivir.

Lento pero aplastante

Imposible
reír en Facebook
a menos que pongas
un par de veces
jota+a
jota+a
imposible
gemir en Facebook
a menos que pongas
infinitos puntos
suspensivos
como prueba fehaciente
de suspensión
imposible
llorar en Facebook
a menos que cierres todo
y lo tires
por la ventana.

Crimen

Lo que hemos hecho no existe porque nadie lo sabe
y eso es una maldad
se lo voy a contar a la policía.

Y castigo

Lo que hemos hecho sí existe porque tú y yo lo sabemos
y eso es una bondad
gracias a Facebook en español.

Tiene relieve

Ten cuidado
si te encuentras
con un novio hembra
por la calle
porque es un fenómeno
del que no te salvarás
ni en tablitas
morderá tus hombros
morderá tus labios
y ni el médico chino
te salvará
hará círculos
con su lengua
primero en una aureola
y luego en la otra aureola
y tú no dirás
ni mú
a los cinco minutos
descubrirá tu tatuaje
y expresará consternado
tiene relieve
pero ya no podrás
ponerle freno a nada
y no sabrás
por qué.

Los kilogramos

En vez de levantarme
levantaba pesas
hacía ejercicios
y levantaba pesas
y subía por las paredes
como un león enjaulado
a una tanda de diez pesas
le seguía una tanda
de quince pesas
su espalda y sus antebrazos
se endurecían con el dolor
las pesas y yo
éramos lo único
que le quedaba
un día me abandonó
porque la miré de frente
y le dije
o las pesas o yo
y ella era una mujer
que tenía
prioridades.

La patrulla

los policías
que andan todo el tiempo
en sus patrullas
separando hierba mala de la buena
no saben leer ni escribir
las mujeres
que les ponen uñas de acrílico
a otras mujeres
tampoco saben leer
aunque sí escribir
letras chinas sobre el acrílico
banderas de Inglaterra
los policías
se enamoran de esas mujeres
y les gusta verlas darse uña
cada noche
esta noche
soñé que mis uñas
eran reales.

Suma

Las ciudades crecen
como el cuerpo
de una persona
y siempre es agradable
sumar a tu cuerpo
otro cuerpo
que te lo saque todo
y al que tú le des todo
con placer
se muere una persona
y la ciudad podrida
huele a cosa muerta
fue solo un lugar
que ensuciaste
algunos años
y que no por barrerlo
volverá a tener brillo.

Pared con pared

Persona desquiciada
frente a la pared
golpea la pared
persona arrepentida
frente a la pared
golpea la pared
persona razonable
frente a la pared
golpea la pared
con una pared al frente
las opciones
son muy pocas.

La belleza sobra

Carraspeando
dentro de mí
una voz de nódulo
mastica
sé fuerte
con debilidad
y débil
con seguridad
la misma voz
que dentro de ti
se queda en silencio
se agacha
empuñando el nódulo
como defensa
contra esos gritos
y si envejecieras
y te afearas
oliendo así
a sudor añejo
extrañarías
tu propia voz
se debilitaría tanto
tu belleza.

Pensamiento lógico

El hombre es un extraño
en tanto sus semejantes
no saben lo que piensa
ni cómo reacciona
frente a la vida
para el hombre
será una estupidez
andar diciendo
lo que piensa
por ahí
y reaccionar
de acuerdo al pensamiento
lógico
de otros hombres
su propio pensamiento
gira demasiado
alrededor de una idea
única
espantosa
sobre cómo un hombre
deja de odiar
lo que solamente
se puede odiar.

El parque

Alrededor del parque
un café
un banco de crédito
un cine
un museo
y una tienda donde
las amas de casa
quieren entrar
dentro del parque
unos niños
jugando a las espadas
con dos palos
yo los veo
quiero uno
para mí
que mate a golpes
a su amigo
con un palo
y nunca
me lo cuente.

Rienda suelta

De la familia de los rumiantes
es lo que arrastra mi carricoche
nadie vende ni compra nada
solo un largo paseo en carricoche
por la orilla del camino
saludando a otros
y alzando la mano contra el viento
ningún carricoche se parece al otro
ni lo que arrastra mi carricoche
se parece a lo que arrastra
al siguiente
los que conducen esos carricoches
saben que al conducirlos
la orilla se ensancha
y que el último tramo
aparecerá pronto
podría ser bueno
abandonar la rienda.

Los juguetes

Con la tira bordada de mi alma
harás una pelota y te amordazarás
es así como se mueven de un lugar a otro
las mujeres y los hombres
no en silencio sino amordazados
con el vidrio y el papel
del celofán de tu alma
envolveré los objetos disimulándolos bien
y nadie sabrá en la aduana
que traigo tantos regalos
pequeños
flexibles
suaves
para que juegues conmigo.

Mamá y papá

Cualquier hombre con espejuelos
es mi papá
y cualquier mujer con espejuelos
es mi papá
por eso aprecio a los hombres
y me acerco a las mujeres
porque no hay nada como una persona
que sea mamá y papá
al mismo tiempo
y me duerma y me despierte
al mismo tiempo
y me bese y me sacuda
y me dé dulces
y me dé golpes
los espejuelos deben tener
la montura plástica.

La casa

Mi casa es un hombre
mi casa es una mujer
tanto uno como el otro son mi casa
el tiempo y el espacio
da lo mismo si duermo sobre un bíceps
o sobre un seno redondo
mi casa es mi vida
y mi muerte
en la casa de mis padres
había un lugar
donde llegado el momento
todo el mundo se moría
esa casa no era un hombre
ni era una mujer
esa casa era un niño
con miedo a la casa
en mi hombre y en mi mujer
ni siquiera hay muebles
aún.

Los cimientos

Los hombres
que engañan a sus mujeres
con otras mujeres
son libres
y las mujeres
que engañan a sus mujeres
con otras mujeres
también son libres
solo en la traición
se encuentra la libertad
y solo en la libertad
se encuentra la casa
el camino a la libertad
no por ser camino
deja de ser grotesco
pero una casa
lo justifica todo
existe la casa
y luego existe el hombre
mientras el hombre
construye su casa
no existe.

El resultado

A lo profundo de mí
caen piedras
hojas de árboles
gusanos y tornillos
se va creando
un colchón de basura
sin que yo logre
poner resistencia
una vez a la semana
me asomo y miro
la construcción
ha tomado una forma
inteligente
ya no depende de mí
su crecimiento
yo también he crecido
paralela al colchón
una vez a la semana
alguien se asoma y ve
un circuito integrado
que podría ejecutar
cualquier orden
con exactitud.

Comida rápida

Con una cuchara
tomas lo mismo
que con un tenedor
pero con un tenedor
solo tomas eso
que es sólido
con una servilleta
te limpias el labio
una vez
y el labio vuelve a ser
lo que siempre había sido
bajo los manteles
las rodillas tropiezan
con otras rodillas
los platos y las copas
se agazapan
en el mejor restaurante
tienes derecho a un sólido
y a un líquido.

Desechable

Está bien que un hombre
le afeite los genitales
a una mujer
pero está mejor que una mujer
le afeite los genitales
a un hombre
y mucho mejor que una mujer
le afeite los genitales
a una mujer
siendo su compañera
una persona arbitraria
ella sabría no herirla
y dónde afeitar de un modo
que el vello tarde en salir
lo más grave
no sería herirla
sino que al día siguiente
el vello hubiera crecido
uno coma un
milímetro más.

Manos Negras

Las manos de un hombre negro
están hechas para mí
no para mí en mí misma
sino para mí en mi hogar
barriéndolo y limpiándolo
y encendiendo la luz
con una mano negra
y apagando la luz
con la otra mano negra
porque al final de los días
esas manos ya cansadas
descansarán sobre mí
modularán sobre el tiempo
harán sobre mí un masaje
renovándose conmigo
que las usé como quise
que las puse a trabajar
no sabiendo qué hacer
con la violencia.

Ya cerraron las tiendas y tu barba está larga

El amigo mío
y al que papá elogió una mañana
diciéndole qué barba más larga tienes
está peor cada día
se elogia a un hombre
para darle fuerza y valor
para decirle lo que quiere oír
la barba de un hombre
siempre impresiona a otros hombres
los elogios entre hombres
son menos que entre mujeres
mi amigo y mi papá
son mujeres valerosas.

Los chiliches

El odio que me lubrica
es el mismo que me seca
y el azúcar que me engorda
igualmente me adelgaza
la mesa para comer
se convirtió en teléfono
y el teléfono en hombre
y el hombre en puente
bajo el puente
y sobre el puente
duermo igual
arriba la luna enfría
y abajo el agua congela
mi cuerpo sin corazón
sigue odiando como antes.

El crucigrama

Más mujer que madre
no es lo que quiero ser
sino más mujer que padre
y más mujer que hijo
y si tuviera
que ser un hombre
sería una mujer
y si tuviera
que ser su instrumento
sería una mujer
y si tuviera
que dejar de ser
todas las cosas del mundo
para ser algo de otro mundo
sería una mujer
tal vez parecida a mí
más ignorante y más estúpida
con más tiempo
que vida.

Para perder lo que no toqué

La herrumbre
tapa mi vida
y me deja por debajo
de la vida que era
tan sencilla y feliz
con unos árboles
medio secos
unos animales
para sostenerme
y un hotel
cinco estrellas
en reparación
me he cansado
de ir a buscar comida
a una gasolinera
que es mi amigo
las 24 horas
me he cansado
de ser amiga tuya
amiga de los árboles
y de los animales
a los que trasquilo
para vivir
es tanto
y tan bueno
lo que me espera
que ya quiero agacharme

y seguir mojando
el agua.

Las enanas

Las enanas como yo
no aspiramos a otra cosa
que a meter los pies en el agua
y la lengua en el fuego
gustamos de ser enanas
pero no nos movemos de la orilla
incluso en la orilla
lo que para otras significaría
mojarse los tobillos
para las enanas significa
mojarse hasta los codos
ser enana tiene gracia
sobre todo por el fuego
y la lengua
que no se queda atrás
y es larga y gorda y rosada
y al revés de nuestros cuerpos
va más allá de la mente.

Yo no existo

Aquí está la oreja
aquí está el cuello
aquí la nuca y el hombro
esto tan bonito es el pezón
esto de aquí
anegado en agua
es el ombligo
aquí está la ingle
pero en la ingle ni loca
aquí está la vulva
pero en la vulva ni loca
todavía
ni loca
aquí la pierna
y el tobillo
y la planta
estos son los labios
y esto es lo que da el afeite
aquí está el clítoris
y esto es lo que da el amor
una lengua entre los labios
sin comunicarse
las bajas pasiones
también existen.

Café expreso

Aquello que bebimos
se llamaba café
aunque era claro
frío y dulce
como cualquier cosa
diferente al café
aquello que nos contamos
se llamaban secretos
como cualquier cosa
que una mujer
solo le cuenta
a una mujer
sin reservas
y cerrando los ojos
y abriéndolos
aquello que hicimos
se llamaba singar
aunque era extraño
infinito y triste
como cualquier cosa
diferente a singar
aquello que escribí
después de singar
se llamaban poemas
aunque eran extraños
infinitos y tristes.

Nada contra mí

Donde hay una mujer sufrida
hay una tubería seca
donde hay un helecho negro
hay una tubería seca
donde no hay casa
ni padre ni madre
hay una tubería
llena de óxido
el sufrimiento
ocupa un buen lugar
en mi corazón
y en mi cuello las monilias
ocupan un buen lugar
donde el viento sopla
eso es lo único.

Canción de cuna

Me hago una paja
rin ran
por la mañana
rin ran
bajo un almendro
rin ran
con una mano
rin ran
y con la otra
rin ran
dos minutos
antes de
desayunar.

Cuna de paja

Entonces
todo consiste
en la cuna
donde uno nace
el doctor te saca
con sus manos
de buen hombre
mamá llora
papá llora
abuela llora
hospital llora
gracias a dios
todavía tengo
los ojos cerrados
todavía tengo
esperanza.

El hilo

Una vez vi un hilo colgando de una vagina
y lo halé pensando que de adentro
las cosas no se desprenden por gusto
no me arrepentí por lo que hubiera podido desprenderse
sino porque se desprendió algo insignificante
algo que hubiera podido ser el alma
pero que no fue el alma de ninguna manera
apenas un moco mal anudado.

Lightning Source UK Ltd.
Milton Keynes UK
UKOW02f1410140816

280613UK00003B/117/P